한자로 배우는 직장 처세학

직장인 천자문

한자로 배우는 직장 처세학

직장인 천자문

초판 1쇄 인쇄	2013년 03월 27일
초판 1쇄 발행	2013년 04월 03일
지은이	이 현 근
펴낸이	손 형 국
펴낸곳	(주)북랩
출판등록	2004. 12. 1(제2012-000051호)
주소	153-786 서울시 금천구 가산디지털 1로 168, 우림라이온스밸리 B동 B113, 114호
홈페이지	www.book.co.kr
전화번호	(02)2026-5777
팩스	(02)2026-5747

ISBN 978-89-98666-26-2 03320

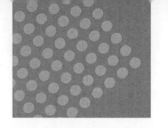

직장인

한자로 배우는 직장 처세학

천자문

저자 **이현근**

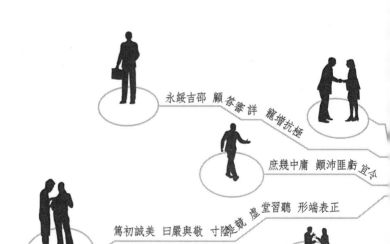

永綏吉邵　顧答審詳　寵增抗極

庶幾中庸　顚沛匪虧　宜令

篤初誠美　日嚴與敬　寸陰是競　虛堂習聽　形端表正

克念

추천사

이 책冊의 기능機能

한자漢字 실력實力을 기르니 교양教養이 풍부豊富해지고,

직장職場에서 성공成功할 비결秘訣을 터득攄得하니,

두 토끼를 잡는 지름길[捷徑]!

더욱이 인간人間다운 존재存在로 좋은 세상世上

함께 살아갈 희망希望 안겨주니,

이 책冊이야말로 일석삼조一石三鳥,

둘도 없는 내 짝,

고마운 친구親舊,

우리들의 이정표里程標!

2013년 3월

新 毫 (문학평론가)

머리말

가까운 나라 중국은 이제 G2로 세계 2대 강국이 되었다. 우리나라와의 교역량에 있어서는 세계 1위 국가이다. 우리나라에서 유학을 가장 많이 가는 나라 역시 중국이다.

세계의 모든 기업이 중국에 진출하였고, 그래서 중국어는 영어에 이어 가장 필요한 외국어가 되었다.

한자는 중국에서 나온 글자이다.

중국문화를 이해하고 중국문장을 해석하는 데 한자가 필요한 것은 새삼 말할 나위가 없지만, 그에 앞서 우리나라의 문장을 이해할 경우에도 한자는 꼭 필요하다. 우리말 가운데 70% 가량이 한자이기 때문이다.

동북아에서 한자를 사용하는 세 나라 가운데, 한자의 원형을 가장 잘 보존하고 있는 나라가 우리나라이다.

중국은 문화혁명 후 간자체를 기본으로 사용하게 되었고, 일본은 자신의 방식으로 수정하여 사용하고 있다.

그러므로, 우리나라에서 한자를 배우면, 동북아 3개국의 한자의 뜻을 모두 이해할 수 있다.

직장에서 공문서를 작성할 때나 신문을 읽을 때도 한자에 대한 지식은 반드시 필요하다. 그래서 한자 공부를 하려는 직장인이 늘어나고 있다.

한자를 공부하는 여러 서적과 학습지가 있지만, 『천자문』은은 오래된 한자 학습교재의 하나이다.

각기 다른 천 자를 이용하여, 역사·철학·윤리 등을 사자성어로 설명한 책이다.

옛날 서당에서 공부하던 책이지만, 체계적이지 않아 요즈음에는 한자 교육용으로 사용되고 있지 않다. 하지만, 어린 학생에게는 어려운 이 천자문은, 직장생활을 하는 성인에게는 교훈이 되는 내용들이 많다. 그래서, 직장인에게 필요하고 교훈이 될 만한 문장을 추려서 해석과 함께 내용을 설명하였다.

천자문의 해석은 김성동의 〈천자문〉과 네이버의 지식검색을 참조하였고, 일부 문장은 발췌하였다.

비록 학식이 얕지만, 30년간의 직장생활을 하면서 배운 지식과 경험을 바탕으로 천자문을 나름대로 해석하고자 하였다.

바라건대, 한자를 배우는 직장인들에게 작은 길잡이가 되었으면 한다.

2013년 3월
三成洞에서
毅松 적음

目 次

> **註**
>
> 목차상의 번호는 이 책의 순서를 나타내고 있으며, 본문의 첫 머리에 적어 놓은 번호는 『천자문』에서의 순서를 나타낸다. 천자문은 사자성어로 이루어졌으며, 보통은 8자가 한 문장이 지만 더러는 16자가 한 문장이 되기도 한다. 이 책에서는 8자 를 기본으로 정리하였다.

43	知	過	必	改
	알 **지**	지날 **과**	반드시 **필**	고칠 **개**

뜻 허물을 알았으면 반드시 고쳐야 하고,
　　깨달아 할 수 있게 된 뒤에는 잊지 않아야 한다.

　이 문장은 ≪論語논어≫ 〈學而篇학이편〉에 나오는 "허물이 있
다면 고치기를 꺼려하지 마라(過則勿憚改과즉물탄개)"와 〈子張
篇자장편〉에 나오는 "날마다 모르는 바를 알고 달마다 할 수
있게 된 바를 잊지 않는다면 가히 배우기를 좋아한다고 할 수
있다(日知其所亡일지기소망 月無忘所能월무망소능 可謂好學也已
矣가위호학야이의)"를 略(략)한 말이다.

　사람은 누구나 실수를 할 수 있고 잘못을 저지를 수도 있다.
문제는 이를 반성하지 않고, 알면서도 고치지 않는 점에 있다.

　동료들과의 관계에서 자신의 실수나 잘못으로 남들에게 피
해를 주게 되는 경우, 솔직하게 인정認定하고 양해諒解를 구하
는 것이 직장인이 지닐 첫 덕목德目이다.

44	得	能	莫	忘
	얻을 득	능할 능	말 막	잊을 망

　직장 내에서도 여러 가지 개선 활동을 전개하고 있다. 개선 활동의 출발점은 문제를 파악把握하는 것이다. 문제에 대한 내용 파악이 되어야 개선안을 도출할 수 있다.

　품질관리에서 가장 힘든 것은 편차偏差가 너무 클 경우이다.

　편차를 줄이는 활동을 먼저 하고 나서 평균값을 조정하는 활동을 하게 된다. 즉, 문제 파악이 먼저 되어야 한다는 것이다.

　천자문의 저자 역시 먼저 잘못을 알아야 하고, 알았으면 고치고, 고쳤으면 잊지 말아야 한다고 조언助言하고 있다.

　옛날이나 지금이나 배움의 기본은 변함이 없는 것 같다.

應用　知識·過程·必須·改善·獲得·可能·索莫·忘却·莫上莫下

11

45	罔	談	彼	短
	없을 **망**	말씀 **담**	저 **피**	짧을 **단**

뜻 남의 모자라는 점을 말하지 말고,
내 좋은 점을 믿지 말라.

  남의 단점短點을 말하지 말 것이며, 나의 장점長點을 믿지 말라는 말이다. 한마디로 겸손謙遜하라는 이야기이다.

  경쟁사회이고 보니 서로가 앞서 가려고 하기 때문에 시대에 적합하지 않는 말일 수도 있다.

  경쟁사 제품과 시장에서 경쟁을 할 때에는 어쩔 수 없이 경쟁사 제품의 단점을 이야기하게 되고, 자사 제품의 강점을 이야기하게 마련이다.

  비단 사업에 있어서만이 아니라, 선거철에도 빈번히 나타나는 상대방 비방誹謗은 어쩔 수 없는 유혹誘惑이고, 이기기 위한 전술戰術이다.

  그러나, 인간관계 측면에서는 검토해볼 만한 문장이다.

  '인자무적仁者無敵'이라는 말이 있듯이, 남들에게 선善을 베풀고 겸손해야 널리 호평好評을 받을 수 있기 때문이다.

46	靡	恃	己	長
	아닐 **미**	믿을 **시**	자기 **기**	길 **장**

자신의 강점을 내세우려는 분위기 속에서 조금은 독특하게 보이고 싶겠지만 그보다 진정성이 있는 겸손한 언행言行이 사람들에게 좋은 인상을 줄 수 있다.

직장 내에서 사람들은 때때로 타인에 대한 평가評價를 내리는데, 좋은 점보다는 약점이나 실수한 것을 빗대서 폄하貶下하는 경우가 많다.

남을 낮춤으로써 자신을 좋아 보이게 하려는 심리가 작용하는 것이겠으나, 대개는 습관에 의한 이야깃거리용이다.

그러므로, 이는 바람직한 방법이 못 된다. 더욱이 듣는 사람이 대상자와 어떤 관계인지 모르기 때문에, 때로는 무척 위험한 상황狀況을 몰고 올 수도 있다.

조직의 동료나 주변 사람에 대한 불편함을 공유하고 싶다면, 드라마 속의 인물이나 연예인의 이야기를 하면서 전하면 된다.

應用 罔極· 對談· 彼岸· 短點· 風靡· 恃賴· 自己· 長技· 彼此一般

13

47	信	使	可	覆
	믿을 **신**	하여금 **사**	옳을 **가**	다시 **복**

> **뜻** 언약言約은 지킬 수 있게 하고,
>   도량은 헤아리기 어려울 정도가 되도록 하라.

　'신사가복信使可覆'은 ≪論語논어≫〈學而학이〉편 "언약이 의로
움에 가까우면 그 말은 해낼 수 있다(信近於義신근어의 言可復
也언가복야)"는 글귀를 다시 쓴 것이다.

　≪論語논어≫에 보면 '군자는 그릇이 아니다(군자불기君子不
器)'라고 하였는데, 이 말은 역설적으로 도량이 넓고 큰 그릇이
되라는 말이다. 덕이 많은 사람이 되라는 말과 같다.

　믿음, 신뢰信賴라는 어휘는 긍정적인 단어이어서 기업은 물
론 개인에게도 좋은 의미로 사용된다. 정치적 계절이 되면 많
은 후보자들은 여러 공약公約을 제시하지만, 대중은 쉽게 이를
믿지 않는다. 그동안의 행태가 그렇지 않았기 때문이다.

　그래서 신뢰를 쌓기까지는 많은 시간이 소요所要된다.

48	器	欲	難	量
	그릇 **기**	하고자할 **욕**	어려울 **난**	헤아릴 **량**

기업들의 경우 제품이 잘못되었을 때에는 '리콜'이라는 제도를 통하여 시장에서 신뢰를 회복하려는 노력을 한다.

기업 입장에선 많은 비용이 들고 제품의 브랜드에 영향을 주는 것이라 쉽게 의사결정 할 수 있는 사안事案은 아니다. 하지만, 시장의 신뢰를 얻는 것이 더 중요하므로 신속하고 단호한 결정이 필요하다.

이는 개인도 마찬가지여서 한 순간의 실수로 무너질 수가 있으니, 실수를 빨리 시인是認하고 반복하지 않으면 회복될 수 없는 것이다.

문제는 이를 수용할 만한 마음 자세가 있느냐인데, 이것이 역량力量이고 도량度量인 셈이다.

應用　信賴·使用·裁可·覆蓋·器具·慾望·困難·用量·難兄難弟

15

51	景	行	維	賢
	볕 경	다닐 행	바 유	어질 현

뜻 큰길을 걸어가는 사람은 어진 사람이 되니,
자잘한 생각을 이겨 나간다면 성인聖人이 될 수 있다.

≪詩經시경≫에 이르기를, "높은 산을 우러러보고 마땅한 도
리를 행한다(高山仰止고산앙지 景行行止경행행지)"라 하였고, ≪
書經서경≫에는 "聖人성인도 잘못된 마음을 가지면 狂人광인이
되고, 광인이라도 생각을 잘 하면 성인이 될 수 있다(維聖유성
罔念作狂망념작광 維狂유광 克念作聖극념작성)"고 하였다.

큰 길로 가라는 말은 바른 길을 가라는 이야기이다. 사람들
의 시선이나 비판을 의식하며, 몸과 마음을 조심하라는 조언
助言이다.

시장에 공개된 연예인이나 정치인, 유명 기업인인 경우, 사
소한 행동이 오해誤解를 일으키고 비판批判에 직면하기도 한다.

한편, 새로운 정부의 정책이나 국회의 입법立法 활동이 일부
의 반대에 부딪히기도 한다.

52	克	念	作	聖
	이길 극	생각 념	지을 작	성인 성

기업의 경우는 최고경영자의 의지에 따라 진행 속도가 결정되지만 국가 정책政策을 실행實行할 때에는 관련 부처의 협조協助를 구하는 것이 무엇보다 중요하다.

큰 정책을 실행하는 경우 자잘한 문제가 항상 따르기 마련인데, 이런 문제가 귀찮다고 정책 실행을 포기할 수는 없다. 전체적으로 해야 할 일이고 이로 인한 효과效果가 긍정적肯定的이라면, 다소의 무리는 무릅쓰고라도 추진推進하는 것이 바람직하다.

모든 역사는 후대가 판단하는 것이고, 잘잘못 역시 후배들이 판단하는 것이다.

가고자 하는 길이 '큰 일'인지 '좁은 길'인지 판단하기가 어려운 경우가 현실이긴 하지만, 일단 결단을 내린 후에는 흔들림 없이 추진하는 지구력持久力도 필요하다.

應用 景致·纖維·賢明·聖賢·克服·概念·作品·聖經·作心三日

53	德	建	名	立
	덕 덕	세울 **건**	이름 **명**	설 **립**

뜻 덕이 세워지면 이름이 서게 되고,
차림새가 깔끔해야 겉모습이 바르게 된다.

이 글은 "호랑이는 죽어서 가죽을 남기고, 사람은 죽어서 이름을 남긴다"는 말과 일맥상통一脈相通한다. 후배나 후손들이 자랑스러워할 만한 이름을 남겨야 하는 것이다.

그러면, 어떻게 해야 자랑스러운 이름을 남길 것인가?

공자는 군자君子가 되어야 한다고 했고, 그런 군자가 되려면 덕德을 쌓아야 한다고 일렀다.

그렇다면, 정작 덕德은 어떻게 세우게 되는 것일까?

보통 우리는 남에게 도움을 주거나 착한 일을 하면 덕을 쌓는다고 한다. 또한 희생犧牲이나 양보讓步를 하는 것도 덕을 쌓는다고 생각한다. 남에게 신세를 지기보다 도움을 주었던 사람들은 덕 있는 사람으로 평가를 받는다.

천자문의 저자는 덕을 세우면 이름이 선다고 했다. 그러므로, 후배나 후손들이 존경尊敬할 수 있는 인물人物이 되기 위해서는 남에게 덕을 쌓는 일을 소홀히 해서는 안 된다.

54	形	端	表	正
	모양 형	바를 단	겉 표	바를 정

'형단표정形端表正'은 ≪禮記예기≫의 "겉모습이 똑바르면 그림자 또한 똑바르다(形正則형정즉 影必端영필단)"를 고쳐 쓴 것이다.

전반부 문장이 내면적 요소를 강조한 것이라면, 후반부 문장은 외형적 요소도 중요하다고 강조하고 있다.

외모는 물론 간결하고 단정한 차림새가 사람들에게 좋은 인상을 주게 되므로, 옷차림과 행동거지가 발라야 좋은 사람이라는 평가를 받을 수 있다. 아무리 명품 브랜드를 걸치더라도, 행동거지나 말하는 태도가 불손不遜하면 남들이 우러러 보지 않는다.

그래서, 어떠한 옷을 입느냐가 중요한 것이 아니라, 어떻게 입느냐가 중요하다.

하지만, 분위기에 맞는 옷차림을 하는 것은 상대방에 대한 예의禮儀이자, 자신의 마음가짐을 보여주는 행위行爲이다.

應用 恩德· 建築· 名望· 立案· 形態· 端整· 師表· 正答· 立身揚名

55	空	谷	傳	聲
	빌 공	골짜기 곡	전할 전	소리 성

뜻 텅 빈 골짜기에서 소리가 전해지듯,
빈 대청에서는 들림이 겹쳐지듯 한다.

≪易經역경≫에 이르기를 "군자가 집안에서 하는 말이 훌륭하면 천 리 밖에서도 따르게 마련이니, 하물며 가까운 곳에서이겠는가?(易日역왈 君子居其室군자거기실 出其言善출기언선 則千里之外應之즉천리지외응지 況其邇者乎 황기이자호)"라 하였으니, 군자는 누가 보고 듣는 것과 관계없이 언제나 올바른 말과 행동을 해야 된다는 뜻이다.

'언제 식사 한 번 하시지요?'라는 말이 빈말이라는 것을 이제는 누구나 다 안다.

이런 빈말은 지나가는 말로 하기 쉬운 약속인데, 이런 빈말이 계속된다면 말에 신뢰가 없는 사람으로 치부置簿되기 십상이다. 특히 조직상 높은 위치에 있는 사람은 주의해야 한다. 최고 경영층의 언질은 하부 조직에 전달하는 속도가 예상보다 빠르며 침소봉대針小棒大되기 마련이다.

56	虛	堂	習	聽
	빌 허	집 당	익힐 습	들을 청

큰 조직일수록 최고 의사결정자의 언어가 간접적으로 전달될 경우, 오해와 혼란의 소지素地가 있다.

방송이나 신문 등의 방법으로 전달력을 강화하고는 있지만 직접 대면하는 경우보다는 제한적이다.

결국 중간관리자들의 역할이 중요한데, 자신의 경험에 의한 관례慣例와 상식常識으로 판단해 보면 큰 문제가 없다. 문제는 관리자들의 말과 행동이 최고 경영자가 한 말과 다를 때, 조직 내에 오해와 혼란이 빚어지는 데 있다. 그래서 선인들은 언행일치言行一致를 관리자들의 주요 덕목德目으로 정한 것이다.

한번 실언失言을 하면, 이를 바로잡기는 백 마디가 필요할 뿐 아니라 오랜 시간이 걸린다.

그래서, 높은 위치에 있는 이는 섣부른 장담壯談은 하지 않아야 한다.

應用 空氣· 溪谷· 傳說· 聲樂· 虛無· 聖堂· 習慣· 聽衆· 虛無孟浪

57	禍	因	惡	積
	재앙 **화**	인할 **인**	악할 **악**	쌓을 **적**

뜻 재앙은 못된 짓을 쌓는 데서 말미암은 것이요,
복은 착한 일을 쌓은 경사로움에서 말미암은 것이다.

이 문장은 ≪易經역경≫의 "착한 일을 많이 한 집에는 반드시
경사가 있고, 착하지 못한 일을 많이 한 집에는 반드시 재앙이
있다(積善之家必有餘慶적선지가필유여경 積不善之家必有餘殃적
불선지가필유여앙)"를 차례를 바꾸어 쓴 것이다.

'인과응보因果應報'라는 말이 있다. 원인과 결과는 관련이 있
다는 이야기이다.

이는 자연현상뿐만 아니라 인간관계에서도 적용될 수 있는
말이다.

'자선慈善'이라는 말은 불쌍한 사람을 자애로운 마음으로 도
와주는 일을 말하는데, 그것을 되풀이할 경우는 '적선積善'이라
는 단어를 쓴다.

착한 일을 하라는 뜻이고 선을 쌓아두어 추후 복을 받으라
는 취지趣旨이다.

58	福	緣	善	慶
	복 복	인연 연	착할 선	경사 경

조직 생활을 하면서 보면, 요령을 피우는 사람들이 있다. 상사가 있을 때만 열심히 하는 척하고, 남의 공을 가로채는 사람들도 있다. 이런 모습을 동료로서 바라보고 있자면 불공평하다는 느낌을 가질 수밖에 없고, 적선을 하고자 하는 의욕을 잃기 쉽다.

악행을 쌓는다고 꼭 화가 오지 않고, 선을 쌓는다고 반드시 복이 오진 않지만, 우리는 그렇게 되길 기대하며 산다. 누구든지 공功은 자신에게, 과過는 다른 사람에게 전가轉嫁하고 싶은 본성을 지니고 있다.

이런 본성本性을 무시하지는 않되, 악행惡行을 쌓을 정도로 치닫지는 말자. 권선징악勸善懲惡은 아니더라도 동료·후배의 평판評判은 오래 가기 때문이다. 인생은 길고 그 평판에 의지할 때가 흔히 있기 때문에 동료들에게 모질게 하지는 않아야 한다.

應用 禍福·因果·惡緣·蓄積·幸福·因緣·善行·慶事·緣木求魚

59	尺	璧	非	寶
	자 척	구 슬 벽	아닐 비	보배 보

뜻 한 자 되는 구슬이라도 보배는 아니니,
寸刻촌각이라도 다투어 아껴야 한다.

너무 당연한 말이지만 항상 실천하지 못하여 아쉬움이 남는 덕목이다.

어느 신문에서 보니 프로 야구선수는 80% 시간을 연습에 할애하고 20%를 경기에 사용하는데, 직장인은 90% 일하고 10%만 자기 학습을 한다고 보도하면서, 이는 연습하지 않고 경기에 임하는 선수와 같다고 지적指摘하고 있다.

새해가 되면 매번 하는 목표 설정設定이지만, 번번이 실패하는 것이 자기自己 계발啓發에 대한 계획 수립樹立이다.

일본인이 화두로 던진 '아침형 인간'이 바른 방법이라고 믿진 않지만, 주어진 시간을 어떻게 활용하느냐가 장기적으로 한 사람의 자산資産의 크기를 정하는 데 큰 몫이 되는 건 확실한 것 같다.

시간을 어떻게 잘 활용할 것인가는 매우 개인적인 특성이어서, '아침형 인간'과 같은 식으로 획일화劃—化 할 수는 없다.

60	寸	陰	是	競
	마디 촌	그늘 음	옳을 시	다툴 경

각자가 가진 습관과 환경 하에서 실천을 하면 되는 것이다.

불변하는 사실은 주어진 24시간을 아껴서 활용해야 한다는 점이다.

공자孔子의 말씀인 ≪논어論語≫의 시작은 '학이시습學而時習'이다. '배우고 시시때때로 익히라'는 말이다.

요즈음은 인터넷 강의도 있어 전보다 배우는 환경이 좋아져서, '공부 못 하겠다'는 핑계는 별로 통하지 않는다.

'시간을 내서 공부하라'는 것이 아니라, '시간이 날 때' 공부하면 된다. 인터넷 강의는 시간이 나면 '이어보기'로 보면 된다. 문제는 시간이 나면 딴 짓을 한다는 데 있다.

연초의 목표에 연연하지 말고, 시간이 나는 대로 한눈팔지 않고 공부하는 습관習慣을 기르는 일이 시간을 절약節約하는 길이다.

應用 尺度·雙璧·非難·寶物·寸刻·陰曆·是非·競爭·古文眞寶

61	資	父	事	君
	자료 **자**	아비 **부**	섬길 **사**	임금 **군**

뜻 어버이 섬기는 것을 바탕 삼아 임금을 섬기되,
섬김에는 엄격함과 공경함이 있어야 한다.

이 문장은 ≪孝經효경≫에 "아비 섬기는 마음을 바탕으로 임
금을 섬긴다(資於事父자어사부 以事君이사군)"는 글을 줄여 쓴
것이다.

'군사부일체君師父一體'라는 말이 있듯이, 부모와 스승과 임금
을 동일하게 모셔야 한다는 말인데, 모실 때에는 엄격嚴格함과
공경恭敬하는 자세를 아울러 지녀야 함을 강조한 것이다.

유교에서 모든 사회 질서의 기반基盤은 가정에서 출발하니
이 기반이 흔들리면 사회적 질서는 뒤틀리게 된다.

아무리 서구화되어도 가정에서의 질서는 지켜져야 하며, 이
를 바탕으로 하여 학교와 국가로 확대되어 나간다.

부모의 존재를 무시해서는 가정이 바로 설 수 없을 뿐더러
학교에서도 스승을 무시하는 일로 이어진다.

62	曰	嚴	與	敬
	가로 **왈**	엄할 **엄**	줄 **여**	공경할 **경**

학부모가 스승에게 폭언·폭행을 하는 것은, 학부모 스스로 자기 가정의 질서를 파괴하는 행위이자 학교 질서秩序를 무너뜨리는 행위이다.

기업이든 정부기관이든, 조직원을 관리하기가 어렵다는 이야기가 심심치 않게 나온다.

무조건 효도와 충성을 강요받아 온 기성세대에 비하여, 토론討論과 논쟁論爭 속에서 자라난 학생들에게 '까라면 까'라는 식의 명령은 더 이상 먹히지 않는다.

하지만, 정당한 지시指示나 명령命令도 거부하는 것은 매우 심각하게 우려할 일이다.

어디서부터 고쳐야 할지를 생각해 보면, 역시 가정에서부터 시작해야 하며, 부모를 공경恭敬하고 자식에게는 엄격嚴格하게 대하는 것이 필요하다.

應用 資産·父親·執事·君子·曰牌·莊嚴·參與·敬虔·曰可曰否

63	孝	當	竭	力
	효도 **효**	마땅할 **당**	다할 **갈**	힘 **력**

뜻 효도는 마땅히 그 힘을 다하여야 하고,
충성은 목숨을 다해야만 한다.

≪論語논어≫〈學而학이〉편에 보면, "자하가 말하기를, 부모를 섬기는 데는 그 힘을 다할 것이요, 임금을 섬기는 데는 그 몸이 다하도록 해야 한다(子夏曰자하왈 事父母사부모 能竭其力능갈기력 事君사군 能其致身능기치신)"고 했다.

현대인에게 충효忠孝를 이야기한다는 것이 다소 진부하다는 느낌이 들지 모르나 이는 인류가 가족사회와 부족회사를 거쳐, 현재와 같은 사회시스템을 갖추는 데 필요한 기본적 가치관이다.

다만, 효孝를 행하는 방식이 시대에 따라 변했고, 그 변화에 대한 세대 간의 인식차이가 불효자不孝子를 만들어온 것이다. 효孝는 후손이 선친을 존중尊重하고 배려配慮하는 것인데, 이는 그 자신도 훗날 받게 될 존중과 배려에 비례比例한다.

64	忠	則	盡	命
	충성 **충**	곧 **즉**	다할 **진**	목숨 **명**

자손들이 지금 나 자신이 하고 있는 모습을 보며 성장하기 때문에 '반면교사反面教師'인 셈이다.

'충성忠誠'이 임금과 군에서만 적용되는 덕목은 아니다.

기업이든 정부든 어떠한 조직에서도 요구되는 덕목德目 중 하나가 충성이다.

어떠한 일을 하든지 맡겨진 일에 목숨을 다 하는 자세로 임하는 것이 필요하다.

이순신 장군의 '생즉사生即死 사즉생死即生'은 임진왜란 시절에만 필요했던 것은 아니다.

지금은 통신通信의 발달로 빠른 이노베이션이 진행 중이다.

'지즉사止即死 행즉생行即生'인 시대에 살고 있다. 빨리 보고하고 실행實行에 옮기는 것, 이것이 현대 조직 사회에서 충성忠誠하는 것이자, 인정認定받는 길이다.

應用 孝悌·當然·適當·重力·忠誠·賣盡·命令·壽命·苦盡甘來

65	臨	深	履	薄
	임할 임	깊을 심	밟을 이	얇을 박

뜻 깊은 물가에 다다른 듯 살얼음을 밟듯이 하고,
일찍 일어나 따뜻한가 서늘한가를 살펴라.

≪禮記예기≫ 〈曲禮곡례〉에도 "대체로 사람의 자식된 예는 부
모를 섬김에 있어 겨울에는 따뜻하게 해드리고 여름에는 서
늘하게 해드리며, 날이 어두우면 자리를 펴드리고 새벽에는
잘 쉬셨는가 살펴야 하는 것이다"라고 했다.

이른바 '혼정신성昏定晨省'이라 함은 이를 말하는 것이다.

한편, '출필고반필면出必告反必面'이라는 말이 있다. 외출할 때에
는 고하고 나가고, 귀가해서는 뵙고 인사를 드리라는 뜻이다.

직장에서도 이 문장은 적용할 수 있다. 기업이든 정부든 직
장職場에서 근무하는 사람은 인사권人事權을 가지고 있는 상사
上司의 눈치를 살펴야 한다. 상사를 보좌하는 참모진은 항상
상사의 움직임과 심리상태를 파악하여 대응할 준비를 하라는
것이다. 또한 출입 시 보고報告를 잘 하라는 뜻이기도 하다.

66	夙	興	溫	淸
	일찍 숙	흥할 흥	따뜻할 온	서늘할 정

조직에서 보고를 소홀히 하여 상사로부터 찍히는 예는 비일비재非一非再하다.

사소한 것부터 보고를 철저히 하는 습관習慣을 가지는 것이 조직 내에서 생존生存하는 길이다.

일본의 도쿠가와 이에야스는 추운 겨울 일찍 일어나 상사의 신발을 가슴에 품어 따뜻하게 하여 인정을 받았다는 일화가 있다.

누구든 이에야스와 같이 한다면 인정 못 받는 부하는 없다. 다만 그것이 진정어린 마음으로 할 경우 효과가 크지만 보여주기 위한 행위로 인식될 경우에는 조직 내에서 왕따가 될 수도 있다.

기본적인 자세가 바른가의 문제이고, 심성이 바른가의 문제이다. 아무리 성과成果가 뛰어나고 실력實力이 있어도 기본基本이 안 된 사람은 오래 갈 수가 없다.

應用 臨時·深山·履歷·瘠薄·復興·溫情·體溫·冬溫夏淸

71	容	止	若	思
	얼굴 **용**	그칠 **지**	같을 **약**	생각 **사**

🔲 몸가짐은 마치 생각하는 듯하게,
　말의 씀씀이는 안정되게 하라.

　입시철이나 입사철이 되면 용모容貌 단정端整은 물론 면접에서의 응대요령까지 준비해야 한다.

　미국의 한 심리학자가 일반인을 대상으로 하여 모르는 사람에게 사진만을 보여주고 그 사람의 직업이나 연봉을 추정推定해 보라는 실험을 했다고 한다. 결론은 미남·미녀형 인물에 대해 전문직 그리고 높은 연봉을 추정했다고 한다.

　잘 생기고 못 생긴 것이야 조상 탓이라고 해도, 단정한 용모나 옷차림은 자신의 노력으로 충분히 해결 가능하다. 자신의 연령대에 맞고 직업군에 맞는 옷차림을 준비하여 면접에 임하는 것은 기본적 자세이고, 면접자에 대한 예의이다.

　직장인의 면접 시의 옷차림으로 추천하고 싶은 것은 중간 색채의 유지維持다.

72	言	辭	安	定
	말씀 언	말씀 사	편안할 안	정할 정

면접 시 또 하나의 중요한 요소가 대화이고 응답 요령이다.

면접자는 하루에 수십 명을 만나고 평가하게 되어 있어, 질문의 숫자가 제한적이기 때문에, 답변을 어떻게 하느냐가 관건이다.

결국 자기소개와 응답에서 자신이 있어야 신뢰감을 심어 줄 수 있기 때문이다.

나의 경험으로 보면, 말이 많은 것보다는 핵심核心만을 명확히 답변하는 것이 좋을 것 같다.

그리고, 신뢰를 주기 위해서는 말하는 속도도 매우 중요하니, 너무 느리지 않는 것이 좋다.

모든 시험이 그렇겠지만 면접자의 입장에서 판단해 보면 어떻게 대응對應할지 해답을 얻을 수 있다.

應用　容貌·禁止·萬若·思想·言行·祝辭·安全·定款·行動擧止

73	篤	初	誠	美
	도타울 **독**	처음 **초**	정성 **성**	아름다울 **미**

뜻 처음 시작할 때 성실하고 아름답게 하여야 하며,
끝맺음도 신중히 하여 마땅히 좋아야 한다.

≪논어論語≫에 보면 '신종추원愼終追遠'이라는 단어가 나온
다. 부모님의 장례는 엄숙히 치르고 제사는 정성스럽게 모시
라는 뜻이다.

이것을 직장 내 인간관계 또는 사회생활에서의 인간관계에
적용適用해 보도록 하자.

'친구를 사귐에 있어 신중하도록 하고, 한번 맺은 관계는 오
래 유지하도록 하라.'

사람에 따라서는 쉽게 친구를 사귀는 사람이 있는 반면, 가
려서 친분관계를 유지하는 사람도 있다.

어떤 것이 좋을지는 알 수 없되, 일로서 맺어진 인간관계는
그 일이 없어지면 대개는 관계가 소원疏遠해지기 마련이다.

문제는 만날 때보다는 헤어질 때 나타나게 된다.

74	愼	終	宜	令
	삼갈 **신**	끝날 **종**	마땅 **의**	좋을 **령**

'원수는 외나무다리에서 만난다'는 속담이 있는 것을 보면, 헤어질 때 원만圓滿하게 정리하는 것이 중요하다.

또한 '친구 따라 강남 간다'는 말이 있듯이, 좋은 친구를 사귀는 것은 인생에 있어 대단히 중요한 일이기에, 부모들은 자신의 자녀가 좋은 친구와 사귀기를 기대하여 이사를 가기도 한다. 그래서, 친구를 사귐에 있어 빨리 사귀는 것도 중요하지만 잘 사귀는 것이 더 중요하다.

내 성격과 가치관을 이해하여 서로 존중尊重하고 보완補完해 줄 친구인지, 그리고 감정적으로 소통 가능한 친구인지를 판단하여, 한동안 교류하며 관계를 유지하는 것이 중요하다.

그러므로, 이 문장은 사회생활을 시작하는 후배나 자녀들에게 꼭 전해주고 싶은 문장이다.

應用 敦篤·初期·精誠·審美眼·愼重·終身·宜當·訓令·誠心誠意

77	學	優	登	仕
	배울 **학**	넉넉할 **우**	오를 **등**	벼슬 **사**

뜻 배운 것이 넉넉하면 벼슬에 오를 수 있고,
직분을 맡아 정사에 참여한다.

≪論語논어≫ 〈子張자장〉편에 보면, "자하가 말하기를, 벼슬을 하다가 여유가 있으면 배우고, 배우다가 여유가 있으면 벼슬을 한다(子夏曰자하왈 仕而優則學사이우즉학 學而優則仕학이우즉사)"고 했다.

공자가 살던 시절이나 지금이나 학자들의 정치 또는 공직 참여는 활발했던 모양이다.

많이 배운 사람이 사회적 지도층의 역할을 하는 것은 옛날이나 지금이나 큰 차이가 없다.

그러나, 현대는 부의 격차나 사회적 지위의 격차를 교육敎育에 의하여 어느 정도 줄일 수 있는 점이 다르다.

그러므로, 가난한 사람일수록 열심히 공부하여 가난의 대물림 현상을 스스로 해결解決해 나가야 할 것이다. 가난한 사람들 입장에서는 경제적 이유로 교육을 포기抛棄하고 싶은 때도 있을 것이다.

78	攝	職	從	政
	잡을 **섭**	벼슬 **직**	좇을 **종**	정사 **정**

그래도 교육을 해야 하는 것은 이를 통해서 현재보다는 나아질 수 있기 때문이다.

요즈음은 공무원은 물론 기업에서도 종업원에 대한 교육 기회를 부여賦與하고 있다. 구성원에 대한 동기부여動機附與는 물론 업무 역량도 확보할 수 있기 때문이다.

직장인은 기업에서 제공하는 교육에 참여參與함은 물론, 개인적 노력을 통하여 새로운 지식과 스킬을 확보하여야 한다.

인터넷이 발전하고 네트워크 속도가 빨라지면서 새로운 지식과 정보를 획득獲得하기는 훨씬 손쉽게 되었다. 의지意志만 있으면 자신의 역량力量을 확충할 수 있는 방법은 우리 주변에 많다.

요要는 의지意志의 문제이고 실천實踐의 문제이다. '자강불식自彊不息'이라는 단어가 생각난다.

應用 學習·優勝·登山·奉仕·包攝·職業·順從·政治·登高自卑

81	樂	殊	貴	賤
	풍류 **악**	다를 **수**	귀할 **귀**	천할 **천**

🔲 음악은 귀하거나 천한 신분에 따라 달리하고,
예도는 윗사람과 아랫사람을 가린다.

예전에는 풍류도 귀천에 따라 정도를 달리했고, 예의도 역시 높고 낮음을 구별하도록 했다.

요즈음도 빈부격차에 따라 문화적 격차隔差가 벌어진다.

사람들이 가지는 가처분 소득의 크기에 따라 즐길 수 있는 문화적 다양성多樣性과 깊이가 다르다.

돈이 많다고 문화적 판단 기준이 반드시 높은 것은 아니지만, 경제적 여유餘裕가 있으면 예술을 감상鑑賞할 기회가 많아져, 결국은 돈이 많은 사람이 다양하고 깊이 있게 문화를 향유享有하게 되는 것이다.

조직 내에서의 문화활동은 개인적 취향이나 희망과는 다르게, 획일적이고 집단적 형태를 나타내게 된다. 이는 여러 사람들이 참여해야 하는 만큼 어쩔 수 없는 경우라 하더라도, 대개는 조직 책임자의 취향에 따라 정해지기 마련이다.

82	禮	別	尊	卑
	예도 예	다를 별	높을 존	낮을 비

그런데, 이 같은 취향이 구성원들과 비슷한 점이 많다면 문제가 없지만, 정반대라면 집단적 문화활동은 오히려 조직분위기를 저하低下시키는 요인이 되기도 한다. 각 계층별로 선호選好하는 문화활동이 차이가 나는데, 이를 조정調整하는 지혜知慧가 필요하다.

그래서, 조직책임자는 여러 사람들의 의견을 청취하고 조정하여, 구성원 모두가 즐길 수 있는 방법을 찾아야 한다.

요즈음 시무식이나 송년회에서, 다양한 시도가 이루어지고 있는 것이 이런 변화의 모습들이다.

應用 音樂·特殊·貴賓·卑賤·禮義·別途·尊敬·卑怯·禮儀凡節

91	交	友	投	分
	사귈 교	벗 우	던질 투	나눌 분

뜻 친구를 사귈 때는 정분을 함께 나눠야 하고,
깎고 갈고 일깨워주고 바른 말로 잡아준다

공자는 유익한 친구와 해로운 친구를 세 가지 부류씩 들었다.

정직하고, 믿음이 있으며, 보고 들은 것이 많은 친구는 전자
前者인 반면, 겉치레를 잘하고, 아첨을 잘하고, 보고 들은 것은
적으면서 말만 잘하는 친구는 후자後者이다.

그리고, 자신이 어려움에 처했을 때 진정한 친구가 누구인
지 알 수 있다는 이야기도 있다.

조직 생활을 하면서 세 사람을 만나면 운이 좋은 사람이라
고 생각된다.

언제든지 술 한 잔 같이 할 수 있는 동기同期가 있고, 터놓고
인생을 상담할 수 있는 편한 선배先輩가 있고, 나를 어려워하
지 않고 상담하러 오는 후배後輩가 있다면, 그 사람은 인간관
계人間關係에서 성공한 사람임에 틀림이 없다.

92	切	磨	箴	規
	끊을 절	갈 마	경계 잠	법 규

　모든 인간관계는 상대적相對的이다. 내가 한 만큼 상대도 한다는 것이고, 그것이 누적되면 친구관계로 발전하게 된다.

　요즈음 같은 글로벌시대이면서 네트워크시대에서는 다양한 인간관계가 존재하게 된다.

　떡이나 빵을 나누기도 하지만, 정보情報도 나누기도 하는데 직종에 따라서는 떡이나 빵보다 정보가 더 중요할 수가 있다. 때로는 따끔한 충고忠告가 필요할 때도 있다.

　사업도 그렇듯이 인간관계도 그렇다.

　내가 먼저 동기나 선배, 후배에게 필요한 것을 전해 주면, 그 사람도 언젠가는 내게 필요한 것을 전해 주게 된다. 그것이 '떡'일지 '정보情報'일지 '충고忠告'일지 잘 살펴보는 정성精誠이 필요하다.

應用　交流·友邦·投資·分散·親切·磨耗·箴言·規則·切處逢生

93	仁	慈	隱	惻
	어질 **인**	사랑할 **자**	숨을 **은**	슬플 **측**

뜻 어질고 사랑하며 안쓰럽게 여기는 마음은,
　　　잠깐이라도 떠나보내서는 아니 된다.

　≪論語논어≫ 〈里仁이인〉편에 나오는 "군자는 밥 먹기를 끝내
는 동안에라도 인자함을 어기는 일이 없어야 할 것이니, 아주
급한 때라도 꿋꿋이 인자해야 하고, 엎어지고 자빠지더라도
또한 그래야 한다(君子無終食之間違仁군자무종식지간위인 造次必
於是조차필어시 顚沛必於是전패필어시)"를 고쳐 쓴 말이다.
　인仁은 유교에서 말하는 인간의 이상적 본질本質이자 속성屬
性이어서 인간에게 가장 중요한 덕목이며 근본적인 가치이다.
　인仁이라는 심성을 가장 잘 나타내는 예가 "낚시질은 하되
그물질은 안 하고, 주살을 쏘되 잠든 새는 잡지 않는다(조이
불망釣而不網 익불사숙弋不射宿)"에 나타난다.
　또한, 맹자孟子는 '측은히 여기는 마음(측은지심惻隱之心)은 인
仁의 발단發端'이라고 하였다.

94	造	次	弗	離
	지을 **조**	버금 **차**	아닐 **불**	떠날 **리**

조차造次는 짧은 순간을 이야기한다. 불교 용어인 찰나刹那와 같은 의미이다.

유교에서 말하는 군자君子는 인仁을 실천해야 하는 사람인데, 천자문의 저자는 참으로 어려운 숙제를 던져준 것 같다. 직장생활이나 사업을 하다 보면 항상 경쟁을 하게 되고 불가피하게 분쟁紛爭에 휘말리기도 한다. 공정한 경쟁을 하라고는 하지만, 경쟁에서 공정성公正性 유지維持는 무척 힘든 일이다.

경쟁 상황은 공정公正하지도 정의正義롭지도 않다.

하지만, 모두가 불공정에 빠져버리면 필경 함께 넘어지고 말 것이다. 그러므로, 각자가 자신만이라도 정의롭고 공정하게 행동하는 노력을 기울이지 않으면 안 되는 것이다.

이런 눈에 보이지 않는 작은 노력들이 모여 우리 사회를 지탱支撐하는 것이 아닌가 싶다.

應用 仁義·慈悲·隱遁·惻隱·製造·次善·弗素·隔離·會者定離

95	節	義	廉	退
	마디 **절**	옳을 **의**	청렴 **염**	물러갈 **퇴**

뜻 절의와 淸廉謙退청렴겸퇴는, 엎어지고 자빠지는 순간에도 이지러질 수 없는 것이다.

'전패비휴顚沛匪虧'는 ≪論語논어≫〈里仁이인〉편에 나오는 "군 자는 밥 먹기를 끝내는 동안에라도 인자함을 어기는 일이 없 어야 할 것이니, 아주 급한 때라도 꿋꿋이 인자해야 하고, 엎 어지고 자빠지더라도 또한 그래야 한다(君子無終食之間違仁 군자무종식지간위인 造次必於是조차필어시 顚沛必於是전패필어시)"를 줄여 쓴 말이다.

사람은 누구나 지켜야 할 나름대로의 행동行動 기준基準을 가 지고 있다.

가치관價値觀이라고도 할 수 있다.

어느 기업가는, 아무리 장사가 잘 되어 이익利益이 많더라도 도박 관련 기계는 결코 만들지 않겠다는 의지를 천명闡明한 적 이 있다.

그에 반해, 어떤 회사는 파친코용 모니터를 수출하여 돈을 많이 번 기업도 있다.

96	顛	沛	匪	虧
	엎드릴 전	자빠질 패	아닐 비	이지러질 휴

성공한 어느 기업가는 명분名分이 없는 사업은 하지 말라고 권유하고 있다. 명분이 없는 일을 남에게 시키기는 어려운 것이다.

어떠한 일도 혼자서는 할 수 없는 것이 현대사회의 특성이다. 그래서 하고자 하는 일에 있어 명분을 지녀야 한다. 그것이 무엇이든 자기만의 기준을 세우고 이를 지켜 나가는 고집은 필요하고, 또 그것이 그 사람을 존재하게 만드는 것이다.

하지만, 사회적 합리성合理性과 보편성普遍性을 가지지 못한 명분은, 남들로부터 이상한 사람이라는 평가를 받는다.

천자문의 저자는 정의正義, 청렴淸廉은 양보할 수 없는 가치價值라고 가르치고 있다.

직장생활에 있어서도 최소한 지켜야 하는 가치는 누구나 가지고 있어야 한다.

應用 節減·正義·淸廉·進退·顚覆·沛澤·共匪·虧失·主客顚倒

45

97	性	靜	情	逸
	성품 성	고요할 정	뜻 정	편안할 일

뜻 마음 바탕이 고요하면 정서가 푸근하고,
마음이 흔들리면 정신이 고달파진다.

≪禮記예기≫에 "사람이 나서 고요해지는 것은 하늘의 성품
이요, 사물에 감동되어 움직이는 것은 성품의 욕심이라(人生
而靜인생이정 天之性也천지성야 感於物而動性之欲也감어물이동성지
욕야)"는 문장이 있다

사람들은 마음이 심란해져 두려움이 가득할 때, 종교宗教기
관機關을 찾게 된다. 마음의 평정平靜과 위안慰安을 얻기 위해서
이다. 육체도 그렇거니와, 정신도 긴장상태가 오랫동안 지속
되면 참을 수 없는 한계에 이르게 되고, 그 한계를 벗어나면
돌이킬 수 없는 비가역非可逆 상태狀態에 빠지고 만다.

그래서, 사람들은 주기적으로 종교시설을 찾든, 나름대로의
방식으로 긴장을 풀 방법을 찾아내야만 한다. 즉, 스트레스 해
소법을 찾아 누적累積된 피로를 풀어야 한다.

98	心	動	神	疲
	마음 **심**	움직일 **동**	귀신 **신**	피곤할 **피**

　운동을 하는 선수에게는 '루틴Routine'이라는 것이 있다. 평소에 연습하던 대로 하면 좋은 성적을 낼 수 있기 때문에 실전에 임해서 평소대로만 하면 되는데, 이 '루틴'이 깨지면 이상한 기록이 나오게 된다.

　누추陋醜해도 가장 편안한 곳이 집인 것은 누구에게나 이 같은 '루틴'이 있기 때문이다. 고향집 같은 것이라고 할 수 있겠다.

　사람은 누구나 '루틴'이 있다. 그러므로 정신적精神的으로 힘들고 지칠 때에는 '루틴'을 찾는 것이 바람직한 해결책이다.

　직장 내에서도 이 같은 루틴을 찾을 수 있는 곳이 있다면 정신적 피로疲勞는 한결 해결이 쉬워질 것이다.

　기업도 임직원들이 이 같은 피로를 풀 수 있는 기회機會와 조건條件을 만들어 주어야 한다.

應用　性格·靜肅·人情·安逸·心臟·動力·神殿·疲困·一勞永逸

47

99	守	眞	志	滿
	지킬 수	참 진	뜻 지	찰 만

뜻 진실함을 지키면 뜻이 가득해지고,
물욕을 좇아가면 생각이 이리저리 움직이게 된다.

조직 생활을 하다 보면 조직 내에 파벌이 생기기도 한다.

모든 조직이 이를 금禁하고 있지만 동창회·향우회 등을 통하여 권력자와 가까워지려고 노력하는 움직임이 많다. 군대에서 사단장이 어느 종교를 믿느냐에 따라 사단 내 종교시설은 흥망성쇠興亡盛衰가 갈리게 되며, 군인들이지만 신도들의 숫자에 변동이 생기기도 한다.

기업 조직이든 정치 조직이든, 상위로 올라갈수록 이 같은 '줄대기'는 뚜렷해지며, 이를 잘못하면 크게 성장하지 못하거나 한직閑職으로 밀려나는 경우도 있다.

소유자나 최고 권력자가 자신에게 충성을 다 하는 사람을 중용重用하는 바람에, 아랫사람들이 충성 경쟁을 하게 되는 것이다.

100	逐	物	意	移
	쫓을 축	만물 물	뜻 의	옮길 이

하지만, 결국은 실적이나 능력이 있으면, 그러한 줄대기에 신경 쓰지 않고 묵묵히 자신의 일을 하는 것이 장기적으로 자신의 발전에 보탬이 된다.

동아줄이라고 믿었던 사람이 실각失脚하게 되면, 자신도 같이 실각되던가, 아니면 배반背叛하는 방법만이 유일하다.

그래서 천자문의 저자는 진실을 지키면 의지意志가 충만해지지만 물욕을 좇다보면 생각이 자주 바뀐다고 지적한 것이다.

정권이 바뀔 때마다 말을 바꾸어야 하는 고위직 공무원의 자조적自嘲的인 말이 생각난다.

'우리는 영혼靈魂이 없는 사람입니다.'

자신의 주장을 매번 바꾸어야 하는 처지가 얼마나 비굴하고 한심스러울까를 생각하면 안타깝다.

應用 嚴守·眞實·心身·充滿·驅逐·物理·意思·移徙·格物致知

101	堅	持	雅	操
	굳을 **견**	가질 **지**	우아할 **아**	잡을 **조**

뜻 고아한 지조를 굳건히 지니면,
좋은 벼슬이 저절로 굴러 온다.

≪孟子맹자≫ 〈公孫丑공손추〉에 보면, "天爵천작을 잘 닦으면
人爵인작은 저절로 얻어진다(修其天爵而人爵自至也수기천작이인
작자지야)"라고 하였다.

'천작'은 인의예지신仁義禮智信 같은 윤리적 덕목을 말하고,
'인작'은 공公·경卿·대부大夫 같은 벼슬을 말하니, 한 마디로
인의仁義가 되면 명예名譽는 따라온다는 이야기이다.

하지만, 현실은 인간적인 경영자보다는 냉철하고 성과지향
적인 경영자가 더 빨리 승진하고 보상받는 시대가 되었다.

경쟁사회에서 성과를 나타내기 위해서는 인의를 포기抛棄해
야 하는 경우도 있다.

기업의 경영을 맡은 이상, 기업을 성장시키고 유지하여야
하는 책임責任을 가지고 있기 때문이다.

102	好	爵	自	縻
	좋을 호	벼슬 작	스스로 자	얽을 미

필요할 경우에는 불가피하게 구조조정構造調整을 하고 임금 삭감賃金削減도 하여야 한다. 그래서 생존을 해야 하고, 훗날을 기약期約해야 한다.

한편, 이런 구조조정을 당하면서 사람들이 겪는 고통은 금 전적인 손해나 어려움보다도, 인간적인 모멸감이나 비인격적 대우로 말미암은 것이 더욱 크다.

배려해주고 심적 고통을 줄이면서 할 수 있는 방법이 적지 않이 있는데, 잠깐의 수고나 작은 비용을 지불하지 않아 남겨 지는 후유증後遺症은 의외로 크다. 또한 당하는 사람도 예의를 지키고 자존심을 지키면 나중에라도 다시 교류할 수 있는데, 격하게 마무리하면 돌이킬 수 없는 처지가 되고 만다.

헤어질 때 멋지게 헤어져야 다시 만날 수 있고, 더 좋은 인연 으로 되돌아올 수도 있다.

자존심自尊心을 지키려는 노력은 서로 할 필요가 있다.

應用 堅固·持參·優雅·操縱·好感·爵位·自身·繫縻·堅忍不拔

171	庶	幾	中	庸
	여러 **서**	몇 **기**	가운데 **중**	쓸 **용**

뜻 중용에 가깝고자 한다면, 부지런히 일하고
고분고분하고 삼가고 잡도리해야 한다.

극단에 치우치지 않도록 지나치거나 모자람이 없는 중용을
바란다면, 힘써 일하고 겸손하며 삼가 경계하라는 말이다.

유교에서 말하는 군자君子는 중용中庸을 지킬 수 있는 사람이
어야 한다고 강조하는데, 중용을 지키려면 어떻게 해야 하는
지를 설명하고 있으니, 근면勤勉, 성실誠實, 겸손謙遜, 신칙申飭
해야 한다는 것이다.

서양의 자본주의는 결과를 중시重視하여, 그에 따른 평가 및
보상으로 사람들을 통제할 수 있다고 판단한다.

이에 반해, 유교儒敎에서 말하는 사람에 대한 평가는 결과結
果보다는 과정過程을 중시하고 있다. 중용의 도를 지키면 사람
들은 존경할 것이니, 이런 존경심을 바탕으로 조직을 경영할
수 있다고 판단判斷한 것이다.

172	勞	謙	謹	勅
	힘쓸 **노**	겸손할 **겸**	삼갈 **근**	경계할 **칙**

큰 조직의 평가시스템은 결과를 바탕으로 평가하는 시스템이다.

평가나 보상시스템 설계에 있어 조직의 최고경영자의 가치와 판단이 깊게 영향을 주게 되는데, 그래서 실적實績에 대한 책임責任을 최고경영자가 지게 되는 것이다.

그 결과에 따라, 인재가 모이기도 하고 떠나기도 한다.

장기적으로 보면, 우수한 인재가 모이는 조직이 성장하고 발전한다는 것이 당연한 결과라고 볼 때, 단기적 성과와 함께 장기적 조직組織 역량力量 확보確保에 대한 평가를 어떻게 반영反映할지도 고민하여야 한다. 서양식 실적 평가와 동양식의 과정 평가를 어떻게 반영하여야 할지, 인사담당자는 항상 고민苦悶하여야 한다.

應用 庶民·幾何·命中·庸劣·勞動·謙遜·謹弔·勅令·謹賀新年

173	聆	音	察	理
	들을 **영**	소리 **음**	살필 **찰**	다스릴 **리**

뜻 소리를 듣고 갈피를 잡으며,
생김새를 보고 낌새를 가리어 안다.

일찍이 공자孔子가 말하기를 "대체로 통달했다 함은, 바탕이 곧고 의리를 좋아하며, 말을 들어 살피고 기색을 보아 그 사람의 마음을 알고 또 생각함으로써, 남의 아랫사람 노릇을 하는 것이다"라고 했다.

직장생활을 하면서 상사의 눈치를 안 볼 수가 없다. 친한 가족家族도 눈치를 보는데, 하물며 하늘같은 상사를 모시면서 눈치를 안 볼 수가 없는 것이다.

거꾸로, 상사도 부하의 눈치를 보아야 할 때가 있다. 야근夜勤을 시키거나 휴일 근무를 소집召集할 경우가 그러하다.

눈치를 보아야 하는 시점은 변화變化가 시작되는 시기이다. 아침에 출근하고 난 뒤, 상사가 보고를 한 뒤, 월별 실적을 집계하고 난 뒤 등 어떠한 변화가 시작되는 시점에서는 눈치를 살펴야 한다.

174	鑑	貌	辨	色
	거울 감	모양 모	분별할 변	빛 색

　부모님이든 상사든 윗사람을 직접 모시는 사람이 가장 신경써야 할 부분이 안색과 행동거지를 살피고 이에 맞추어 대응하는 것이다. 가장 중요한 것은 질문質問을 하거나 지시指示를 내릴 때 시의적절時宜適切하게 응대應對하는 요령이다.

　지시자의 특징이나 상황에 맞게 응대를 하여야 한다는 것이다. 시급한 상황狀況이나 급한 사안事案일 경우에는 지시가 불명확하더라도 일단 시작하고 진행하면서 수시로 보고하여 수정 지시를 받는 것이 적절하다. 또한 지시자가 불같은 성격의 소유자라면, 한번에 많은 질문을 하기보다는 자주 질문하는 것이 보다 나은 방법이다. 신입사원이나 새로 전입轉入한 사람은 주변의 선배들이나 동료가 하는 행동을 잘 살펴보아야 한다.

應用　音樂·監察·理致·文理·鑑賞·容貌·辨別·色相·明心寶鑑

175	貽	厥	嘉	猷
	끼칠 **이**	그 **궐**	아름다울 **가**	꾀할 **유**

뜻 임금에게 아름다운 계책을 주고,
　　그 계책이 뿌리내리도록 힘쓰라.

　≪書經서경≫ 〈君陳군진〉에 보면 "너에게 아름다운 계획과 아름다운 꾀가 있거든 들어가서 임금께 고하라(爾有嘉謀嘉猷이유가모가헌 則入告즉입고 爾后于內이후우내)"라는 문장이 있다.

　이 문장에 의거하여 풀이하면 '덕성德性을 양성하면 훌륭한 계책計策을 훗날까지 남길 것이고, 힘써 공경하여 실덕實德을 심을 것이다'라는 해석이 나온다.

　간부幹部는 경영진에게 좋은 정책을 제안提案하여 실행되도록 노력하라는 의미意味로 해석解釋할 수 있다.

　조직의 모든 임직원은 경영진에게 좋은 정책을 제안하고 이것이 실행되도록 노력해야 할 의무가 있다. 그러기에 직장생활이란 곧 제안하고 실행實行하는 과정過程인 것이다.

176	勉	其	祗	植
	힘쓸 면	그 기	공경할 지	심을 식

경영진은 모든 조직 구성원이 좋은 제안을 하도록 분위기를 조성하고 촉진하는 정책을 시행한다.

이러한 제도가 때로는 혁신革新이라는 명칭으로 포장되기도 하는데, 이 같은 제안제도를 활성화活性化하고 촉진促進하는 데에도 딜레마가 있다.

제안이나 직무발명職務發明을 촉진하기 가장 쉬운 방법은, 단위부서별로 목표를 할당하여 경쟁을 시키는 일이다. 이렇게 하면 단기간에 많은 제안과 직무발명이 나오게 된다. 하지만, 시간이 지날수록 제안되는 숫자는 늘지 모르지만, 내용內容이나 질質은 떨어지게 되고 이를 관리하는 비용만 증가하게 된다.

이를 해결하는 방법은, 모든 혁신활동은 기간을 정해 놓고 하는 방식方式이다.

좋은 제도는 일정기간에만 하되, 매년 시행施行하는 것이 좋다.

應用 貽訓·突厥·嘉尙·勤勉·其他·祗侯·移植·刻苦勉勵

177	省	躬	譏	誡
	살필 **성**	몸 **궁**	나무랄 **기**	경계할 **계**

> **뜻** 자기 몸을 살펴 남이 나를 비방하는가 조심하고,
> 임금의 사랑이 더할수록 항거심抗拒心이 극에 달할
> 것이니 조심하라.

《書經서경》〈周官주관〉에 보면 "지위는 교만한 데 이르지
않아야 하고 복록은 사치한 데 이르지 않아야 한다"는 문장이
있다.

직위가 오르고 권력을 가질수록 겸손謙遜하라는 이야기이다.

문제는 교만驕慢과 사치奢侈가 본인이 판단하는 것이 아니고
남이 판단한다는 점이다.

결국 상대방의 기준基準에서 보는 것이라서 어려운 것이다.
그래서 정치인들, 고위 공직자들은 여론의 흐름에 항상 민감
하게 반응을 한다.

요즈음은 인터넷과 SNS가 워낙 발달되어 있어 여론의 흐름
을 빠르게 파악把握할 수 있고, 대응對應할 수 있다.

직장인으로서 가지는 권력은 조직 내에서의 업무, 직책과
관련이 있다.

178	寵	增	抗	極
	고일 **총**	더할 **증**	막을 **항**	다할 **극**

최고경영자와 자주 접하거나 총애寵愛를 받을 경우, 예산이나 인사에 대한 권한이 있는 경우에는 조직 내 다른 사람들로부터 접대 아닌 접대接待를 받기 쉽다.

이럴 경우 잘못 처신하게 되면, 주변의 조직이나 경쟁자로부터 많은 비판에 직면直面하게 된다.

그러므로, 권력을 가진 자나 최고경영자의 총애를 받는 자는 항상 경계하고 겸손한 자세를 유지하여야 한다. 그렇지 않으면 자신을 믿어준 상사에게 결과적으로 누累를 끼치게 된다.

조직 내에서 권력을 가진 부서나 개인이 무소불위無所不爲의 권력을 남용濫用하게 되는 일은 조직의 책임자가 게으르기 때문이다. 따라서, 일을 맡긴 상사도 이 같은 움직임이 있는지 늘 살펴나가야 한다.

應用 省察·反省·譏察·十誡命·寵愛·漸增·抵抗·窮極·實踐躬行

179	殆	辱	近	恥
	위태할 **태**	욕될 **욕**	가까울 **근**	부끄러울 **치**

뜻 위태로움과 욕됨은 치욕에 가까우니,
숲이 우거진 언덕으로 나아가야 한다.

총애를 받는다고 교만하면 위태롭고 치욕할 수 있으며, 은퇴 후 산간이나 숲에서 보내게 되면 다행이란 의미이다.

'임고林皐'는 숲이 있는 시냇가 언덕 같은 한가로운 곳을 말한다.

'권력과 너무 가까우면 뜨겁고 너무 멀어지면 한기寒氣를 느낀다'고 한다.

권력자와 가까이 하다 보면, 자신의 의지나 생각과는 달리 오해誤解를 받거나 질투嫉妬를 받는 경우가 많다.

그러한 가운데 초심初心과 겸손함을 잃지 않고 살아가기란 여간 어려운 일이 아니다.

아무런 구설수口舌數 없이 임기를 마무리하고 퇴임하여 고향으로 돌아가 자연을 즐기는 삶을 살기를 모든 공직자와 경영자들은 희망한다.

180	林	皐	幸	卽
	수풀 임	언덕 고	다행 행	곧 즉

직장인들이 꿈꾸는 삶의 방식이긴 하지만 현실은 그렇게 녹녹하지 못하다.

조직의 책임을 맡고 있는 자는 자신의 업무만 하는 것이 아니라, 조직원들을 관리管理하여야 하는 역할役割이 더 크고 많다. 자신만 잘 한다고 되는 일이 아니라, 조직 구성원들과 함께 하여야 하는 일이다.

많은 인력을 관리하는 조직일수록, 자신의 의지意志나 의도意圖와는 다른 방향에서 문제가 발생하여 책임을 지는 예는 비일비재非一非再하다.

그래서, 항상 불안하여 긴장하며 살게 되며, '인사人事가 만사萬事다'라는 말이 나오게 된다.

무사히 정년퇴임을 하면 자신이 하고 싶었던 일을 할 수 있으리라는 기대로 힘든 직장생활을 유지하고 있는 것이다.

應用 危殆·辱說·近處·廉恥·林業·幸運·多幸·卽答·百戰不殆

199	易	輶	攸	畏
	쉬울 **이**	가벼울 **유**	바 **유**	두려워할 **외**

> 🔳 쉽고 가벼운 것을 두려워해야 하니,
> 귀를 담장에 붙여 놓았기 때문이다.

매사를 소홀히 하고 경솔함은 군자가 두려워하는 바이니, 담장에도 귀가 있다는 속담俗談처럼 경솔히 말하는 것을 삼가라는 경구警句이다.

다른 사람들과의 다툼을 살펴보면, 대부분 사소한 일에서 비롯된다.

섭섭하거나 불만스러운 것도, 따지고 보면 사소한 말실수에서 비롯되는 경우가 많다.

요즈음 남녀가 같이 근무하는 조직의 경우, 성희롱性戲弄은 정말 지뢰地雷와 같다고 할 수 있다.

성희롱이라고 판단하는 경우가 너무 자의적恣意的이고 일방적一方的이어서 '가해자加害者'로 낙인烙印된 사람은 억울하다고 항변하는 경우가 대부분이다. 이 경우 경고하는 말이 '오비이락烏飛梨落'이라는 말이다.

200	屬	耳	垣	牆
	엮을 속	귀 이	담 원	담 장

'벽에도 귀가 있다'는 속담처럼, 오해를 살 만한 행동이나 말은 하지 말아야 한다는 것이다.

성희롱은 직장 내에서 가장 주의해야 할 사안事案인데, 결국은 말조심, 글 조심, 사진 조심해야 한다.

또한 주의해야 할 것은 상사에 대한 불만不滿 토로吐露이다. 사무실에서든 술자리에서든 상사에 대한 불만은 단골 주제이다. 그것이 불만 '토로吐露'의 수준이라면 애교로 넘어갈 수 있겠지만, '험담險談' 수준으로 커버리면 곤경을 당할 수 있다. 나의 이야기를 누군가가 상사에게 잘못 전하거나 침소봉대針小棒大 하여 전하게 되면 난감함은 이루 말할 수 없게 된다.

화장실이든 술자리든, 당사자가 없는 상황에서의 인물평은 '불만토로不滿吐露' 수준에서 마무리하도록 하자.

應用 容易·安易·敬畏·所屬·耳鳴·馬耳東風·路柳墻花

203	飽	飫	烹	宰
	배부를 포	물릴 어	삶을 팽	재상 재

뜻 배부르면 음식 만들기도 싫증나고,
배가 고프면 술지게미나 쌀겨도 달갑게 여긴다.

'팽재烹宰'를 잘못 해석하기 쉬운데, '재상宰相'을 삶아 먹는 것
이 아니고, '조리調理하는 일' 자체를 뜻한다.

즉, 배가 부르면 조리調理하기조차 싫어지고, 굶주리면 술지
게미나 쌀겨도 반갑다는 이야기이다.

부모로부터 물려받은 재산이 많은 사람은, 굳이 열심히 노
력하지 않아도 먹고 살고 즐기는 데에는 문제가 없어, 악착같
이 노력하지 않아도 유유자적悠悠自適한 생활을 즐길 수 있다.

반면, 가진 것이 없는 사람은 매일 매일 일을 하지 않으면 살
수가 없으므로, 하찮은 일이라도 열심히 하게 된다.

즉, 여유餘裕가 있는 사람은 일을 골라서 하게 되고, 가난한
사람은 하찮은 일이라도 반기며 일을 한다.

하지만, 너무 가진 것이 없다면 일을 할 의욕意慾조차 잃는
경우도 있다.

204	飢	厭	糟	糠
	굶주릴 **기**	족할 **염**	지게미 **조**	겨 **강**

　직장 내에서도 이와 일맥상통—脈相通하는 경우가 있다. 자신의 능력에 비하여 너무 쉬운 일을 시키거나 너무 어려운 과제課題를 받게 되면 일을 하려는 의욕을 잃게 된다.

　어려울 때에는 이 같은 방법으로 인력人力 구조조정構造調整을 하기도 한다.

　인사 지침에 따르면, 본인本人 능력의 120% 수준에서 일을 할 때 성과가 가장 좋게 나타난다고 한다.

　문제는 120%라는 판단을 내리기가 본인은 물론 상사도 어렵다는 점이다. 더욱이 혼자 하는 일이 아니고 팀을 구성하여 하는 일인 경우에는, 팀원들 간의 역량차이力量差異도 고려考慮해야 하므로 세밀細密한 연구研究가 필요하다.

　그래서, 쉬운 말로 '적당히' 바쁘고 '적당히' 즐길 수 있는 기준基準을 설정하는 노력을 조직원 모두가 함께 해 나가야 한다.

應用　飽滿・烹卵・宰相・飢餓・厭世・糟客・糠粃・糟糠之妻

221	牋	牒	簡	要
	편지 전	편지 첩	대쪽 간	구할 요

뜻 편지는 간결해야 하고, 안부를 묻거나 대답할 때에는 좌우를 살펴 상세히 해야 한다.

브리핑할 때나 인터뷰할 때에 적용할 수 있는 교훈敎訓이다. 입사 연수시절에 교육을 받았던 기억이 있다.

외국에 업무용業務用 편지를 쓸 때, 인사말에 이어 곧바로 결론부터 언급言及하고, 배경背景은 나중에 설명하라고 교육을 받았다.

요즘같이 바쁜 시기에는 긴 편지를 모두 읽을 시간도 없거니와, 길어지면 독자의 주의력注意力이 떨어져 소기의 목적을 달성할 수 없다는 이유이다.

무언가를 요청하고 승인을 받아야 하는 문서나 편지의 경우는, 서두에 본론本論부터 적는 것이 확실히 주효奏效하다.

거꾸로, 내가 요청받거나 해명解明을 해야 하는 경우는, 자세히 작성하고 결론은 나중에 언급하는 것이 독자의 이해를 구하는 데 도움이 된다.

222	顧	答	審	詳
	돌아볼 **고**	대답할 **답**	살필 **심**	자세할 **상**

편지를 쓰거나 문서를 작성할 때 지켜야 할 요령要領은, 경우에 따라 다르게 대응하는 것이 바람직하다.

그러면, 천자문을 쓸 시절에도 바빠서 간결하게 작성하라고 했을까?

그 당시 간결하게 쓰라고 했던 사유事由는 추정컨대 종이와 붓 등 필기를 위한 재료가 귀했으므로, 제한적인 사람들만이 사용했기 때문으로 해석하는 사람도 있다.

요즈음은 종이, 펜 같은 물자절약物資節約의 차원보다는, 시간절약이라는 관점에서 해석하는 것이 맞다고 여겨진다. 시간을 아껴 쓰라는 선인의 말처럼 쓰는 사람이나 읽는 사람 모두가 시간을 절약節約하는 문서 작성 방법을 익혀야 한다. 그런 의미에서도 한자는 꼭 익혀야 한다.

應用 請牒· 簡紙· 要領· 必要· 顧客· 答辯· 審査· 詳細· 簡單明瞭

227	誅	斬	賊	盜
	벨 주	벨 참	도적 적	훔칠 도

🔳 강도와 도적을 죽이고 베며,
배반한 자, 도망한 자는 포획해야 한다.

'일벌백계—罰百戒'라는 말이 있다. 한 사람을 벌줌으로써 백 사람을 경계시킨다는 말이다.

인류가 사회를 유지하고 발전시켜 나가는 데에는 일정한 규칙이나 약속이 필요한데, 그 구체적인 형태가 법률法律이다. 남의 재산을 훔치거나 강제로 빼앗는 자는 벌하고, 국기國紀를 문란紊亂케 한 자는 잡아서 가두거나 죽이라는 이야기이다.

국가가 죄를 지은 자를 벌하지 않으면 국민들은 그 법을 지키려고 하는 의욕을 잃게 되어, 무법천지無法天地가 될 것이다.

기업이 정한 규칙規則에서도 적용되는 벌칙罰則이 있다.

하지만, 인간사회에는 항상 예외例外가 있고 적용適用하기가 애매曖昧한 경우도 많다. 이러한 경우 관리자나 경영자 입장에서 벌을 내릴 것인지 말 것인지, 그리고 내릴 경우엔 어느 정도로 줄 것인지 고민인 경우가 많다. 특히 자신과 가깝거나 자신이 아끼는 사람을 벌주어야 할 때는 무척 망설이게 된다.

228	捕	獲	叛	亡
	잡을 **포**	얻을 **획**	배반할 **반**	망할 **망**

이 경우 생각나는 단어가 '읍참마속泣斬馬謖'이다. ≪삼국지≫에 나오는 말인데, 제갈량이 자신이 아끼는 부하인 마속의 실수를 용서하지 않고 목을 베었다는 고사故事이다.

아끼는 부하를 참수斬首하라는 영令을 내리는 것은 정말 가슴을 찌르는 고통일 것이다.

그렇지만, 이 같은 고통을 감내堪耐하고서도 참수를 해야 하는 것이 '일벌백계'의 진수眞髓이다.

조직을 운영하다 보면 어쩔 수 없이 해고解雇 통보通報를 해야 하는 경우도 있다.

정말로 하고 싶지 않은 일이지만, 해야만 하는 것이 조직인의 숙명宿命일지 모르니, 사태가 거기에 이르기 전에 서로 최선을 다해야 할 것이다.

應用 誅殺·斬首·逆賊·盜癖·逮捕·濫獲·背叛·死亡·脣亡齒寒

241	指	薪	修	祐
	손가락 **지**	섶나무 **신**	닦을 **수**	도울 **우**

🔲 섶이 궁진한 이치를 헤아려 열심히 복을 닦아야,
불씨가 이어가듯 오래도록 편안하여
상서로움이 높아지리라.

《莊子장자》〈養生主양생주〉에 "섶은 궁진하지만 산에서 취
하여 보충하면, 불꽃은 나무에 붙어서 계속 타서 그 끝나는 것
을 알지 못한다(指窮於爲薪지궁어위신 火傳也화전야 不知其盡也
부지기진야)"라는 문장에 이 말이 나오는데, 불꽃이 계속 이어지
듯, 인간이 닦아 놓은 복은 무궁無窮함을 비유한 것이다.

섶은 곧 다 타버린다는 말이니, 인간의 삶이란 유한하다는
말인 듯하다. 섶이 불타 금세 사라지는 이치를 생각하여 자신
의 섶이 다 타기 전에 복을 닦으면, 그 복은 자신이 죽는다고
사라지는 것이 아니고, 후손들이 복을 받아 길이 평안하고 행
실이 착하게 된다는 것이다. 선을 쌓아 복을 닦는 것은 나무
섶을 가리켜 비유比喩할 수 있으니, 나무 섶은 없어져도 불씨
는 영원한 것과 같다.

242	永	綏	吉	邵
	길 **영**	편안할 **수**	길할 **길**	아름다울 **소**

　누구나 한 번은 읽었음 직한 『나무를 심는 사람』이라는 짧은 소설이 생각난다. 한 노인이 도토리를 심고 또 심어 먼 훗날 울창한 참나무 숲을 만들었다는 이야기이다.

　한 사람의 혜안慧眼과 끊임없는 실천이 후손들에게 훌륭한 숲을 제공했다는 이야기를 읽으며, 비전을 가지고 의미 있는 일을 하라는 교훈을 얻었던 기억이 있다.

　사자성어 중에 '음수사원飲水思源'이라는 숙어熟語가 있다. 물을 마실 때 우물을 만든 사람을 생각하라는 뜻이다. 우리는 살아가면서 남들로부터 여러 가지 도움을 받는다. 거창하게 예수나 부처나 공자가 아니더라도, 이름 모를 어떤 사람이 인류의 삶에 끼친 영향影響은 엄청 많다.

　우리의 선배들이 그랬듯이, 우리도 후배를 위해 무언가를 남겨 주어야 하는 것은 당연하다.

應用　指紋·薪炭·研修·保祐·永遠·綏安·吉兆·邵齡·臥薪嘗膽

243	矩	步	引	領
	모날 **구**	걸음 **보**	끌 **인**	옷깃 **령**

뜻 자로 잰 듯 법도대로 걷고 옷깃은 얌전하게 여미고,
조정朝廷에서는 깊이 생각하여 일을 처리해야 한다.

근무자세를 가르치는 문장이다.

훈련소에 입대하면 제일 먼저 하는 것이 제식훈련制式訓練이
다. 바로 걷기가 기본이기 때문이다.

입사 초기의 신입사원은 주눅이 들어서 가슴을 펴지 못하고
고개 숙이기 바쁘다.

어쩌다 실수하여 상사나 선배로부터 지적指摘을 받으면 더
욱 긴장되어 고개를 숙이기 일쑤이다.

더욱이 질책叱責을 받게 되면 누구나 웅크리게 되는데, 그럴
수록 가슴을 펴고 당당히 걷는 습관을 갖도록 힘써야 한다.

실수했다고 주눅이 들어 숙이고 다니는 모습은 더욱 자신을
초라하게 만드는 것이다.

웃으며 솔직하게 실수를 인정하고 당당하게 행동하는 모습
이 보기 좋다.

244	俯	仰	廊	廟
	구부릴 **부**	우러를 **앙**	복도 **낭**	사당 **묘**

누구든 새로운 환경에 접하게 되면, 주변을 잘 살펴보아야한다.

경영자는 새로운 회사에 부임赴任하면, 사내의 여러 시설을 살펴보고 개선改善할 점을 미리 정리해 두어야 하며, 업무를 파악한 후 부작용이 없는 방향으로 개선하여야 한다.

모든 사람은 나름대로 자신이 논리적論理的이고 합리적合理的이라고 생각하기 때문에, 자신이 해 온 일에 대한 개선을 요구받으면 처음에는 반발反撥하기 마련이다.

따라서, 개선이 필요한 사안에 대해서는 반대 논리論理와 사례事例를 준비하여 설득說得하여야 하며, 주변의 동의를 받아 개선 활동을 전개展開하는 것이 바람직하다.

應用 矩尺·步行·吸引·領海·俯伏·信仰·畵廊·宗廟·規矩準繩

245	束	帶	矜	莊
	묶을 속	띠 대	자랑 긍	엄숙할 장

뜻 의관을 정제하여 몸가짐을 떳떳하게 하고,
이리저리 배회하며 두루 살펴라.

'속대束帶'는 외형적인 것으로 옷을 차려 있으라는 말이고,
'긍장矜莊'은 자긍심을 가지라는 말로 마음자세를 의미한다.

보통은 복장이 사람들로 하여금 마음자세를 가지게 한다.
설레는 데이트를 앞두고 옷차림과 몸치장에 시간을 투자하는
것은 상대에 대한 기본적인 예의이다.

고객을 만나러 가거나 협상協商을 할 때 그 상황에 맞는 복장
을 갖추는 일은 매우 중요하다.

마음가짐으로는, 대화 주제에 대한 이해理解와 숙지熟知도 중
요하지만, 상황에 맞는 적절한 유머도 준비해야 한다.

상황에 맞는 가벼운 유머와 조크는, 상대방에게 좋은 인상
을 심어주고 신뢰信賴도 줄 수 있다.

246	徘	徊	瞻	眺
	노닐 배	노닐 회	볼 첨	바라볼 조

경영학 용어 중에 'MBWA(Management by Wandering Around)'라는 단어가 있다.

관리자들이 자리에 앉아 있지만 말고 현장을 돌아다니며 부하들을 격려하고 고충苦衷을 들어주라는 뜻이다. 현장을 배회徘徊하면서 부하들의 행동을 유심히 살펴보고 격려하라는 의미가 담겨 있다.

배회관리에 있어 유의할 점은 격려激勵와 칭찬稱讚이어야 하며, 섣부른 약속約束은 오히려 부담이 될 수 있다.

그리고, 너무 잦은 현장방문은 그 효과가 떨어질 뿐만 아니라, 현장의 업무를 오히려 방해하기도 한다.

모든 일이 그렇듯이, 지나치면 못한 것만 못하니, 과유불급過猶不及의 지혜를 배워야 한다.

應用 束縛·帶同·矜持·自矜心·莊嚴·莊重·瞻星臺·眺望·束手無策

247	孤	陋	寡	聞
	외로울 고	좁을 루	적을 과	들을 문

뜻 홀로 배워서 보고 듣는 것도 적으니,
어리석고 아둔해서 꾸짖음을 들을 만하다.

외롭게 혼자 공부하여 생각이 좁고 어리석음을 말하는 것
이다.

독학獨學의 한계를 넌지시 내비친 것으로, 요즈음은 인터넷
강의가 대세大勢여서, 많은 교육이 온라인으로 이루어지고
있다.

그럼에도 여전히 연수원研修院에 모여서 집단으로 교육하는
이유는 무엇일까?

인터넷 강의가 있음에도 모여서 수업을 듣는 이유는, 독학
의 문제점을 보완補完하기 위해서이다.

인터넷을 통하여 혼자서 공부할 때 당장 느끼는 답답함은,
질문에 대한 해답을 곧바로 얻지 못한다는 점과 동료들과의
교류는 없다는 것이다. 모여서 수업을 할 때 강사로부터 듣는
내용도 중요重要하지만 동료와의 교류交流가 더욱 중요하다.

愚	蒙	等	誚
어리석을 **우**	어두울 **몽**	등급 **등**	꾸짖을 **초**

248

지식은 독학하여 습득할 수 있지만, 강사·동료와의 교류는 만남으로써 가능하다. 특히나 기업에서의 학습은 사람을 사귀는 좋은 기회이기도 하다.

대기업이든 중소기업이든 일을 혼자서는 할 수가 없고 관련부서와 협의하여 진행할 수밖에 없는데, 교육기간 중에 만난 사람은 동급생으로 인간적인 유대감紐帶感이 있어 협조를 잘 얻어낼 수 있다.

따라서, 집합교육集合教育을 받을 때 수업시간에 공부하는 것도 중요하지만, 휴식시간이나 수업 종료 후 저녁시간을 이용하여 동료들과 교류를 가지는 것이 더욱 중요하다.

독학이 지식을 습득하는 효율적인 방법이긴 하나, 인적 네트워크를 형성할 수 있는 집합교육을 등한시等閑視해서는 안된다.

應用 孤獨·陋醜·寡占·聽聞·愚問·蒙塵·等級·誚責·愚問賢答